Control del Estrés, La Ansiedad y La Angustia.

"Estrategias Prácticas Basadas en la Ciencia y en la Medicina Natural"

Omar S. Triggiani

ISBN: 9798332259722

Dedicatoria

A todos aquellos que buscan la paz interior en medio del caos de la vida moderna. Que encuentren en estas páginas la sabiduría y las herramientas necesarias para superar el estrés, la ansiedad y la angustia. Este libro está dedicado a ustedes, con la esperanza de que cada día sea un paso más hacia la serenidad y el bienestar.

Índice

Agradecimientos

Quiero expresar mi más profundo agradecimiento a todos los que han hecho posible este libro. A mi familia y amigos por su amor y apoyo incondicional. A los profesionales de la salud, maestros y colegas que han compartido su sabiduría y experiencia conmigo. Y a todos los lectores, por su confianza y compromiso en el camino hacia el bienestar. Este libro es para ustedes. ¡Gracias!

Introducción

Presentación del Autor y Propósito del Libro

Bienvenido a "Controla tu Estrés, Ansiedad y Angustia: Estrategias Prácticas Basadas en la Ciencia". Mi nombre es Omar S. Triggiani, y a lo largo de mi vida, he observado cómo el estrés, la ansiedad y la angustia afectan a las personas de manera profunda. Mi objetivo con este libro es ofrecerte herramientas prácticas y basadas en la ciencia para que puedas gestionar estos desafíos y mejorar tu calidad de vida.

Importancia del Tema en la Sociedad Actual

Vivimos en una era de constante cambio y presión. El ritmo acelerado de la vida moderna, las responsabilidades laborales, familiares y sociales, y los eventos inesperados pueden generar altos niveles de estrés, ansiedad y angustia. Comprender y manejar estos estados emocionales no solo es crucial para nuestra salud mental, sino también para nuestra salud física y bienestar general.

Resumen de lo que los Lectores Aprenderán

A lo largo de este libro, exploraremos las causas y efectos del estrés, la ansiedad y la angustia, y te proporcionaremos estrategias prácticas y científicamente respaldadas para controlarlos. Cada capítulo incluye secciones con ejercicios prácticos que te permitirán aplicar lo aprendido de inmediato. Nuestra meta es que, al finalizar la lectura, cuentes con un conjunto de herramientas efectivas para enfrentar los desafíos de la vida con mayor resiliencia y tranquilidad.

Capítulo 1: Comprendiendo el Estrés, la Ansiedad y la Angustia

Definiciones y Diferencias entre Estrés, Ansiedad y Angustia

El estrés, la ansiedad y la angustia son términos que a menudo se utilizan indistintamente, pero en realidad representan estados emocionales diferentes.

- **Estrés**: Es una respuesta física y emocional a las demandas o presiones externas que sentimos que exceden nuestra capacidad de afrontarlas. Puede ser positivo (eustrés) cuando nos motiva, o negativo (distrés) cuando nos abruma.
- **Ansiedad**: Es una sensación de preocupación, nerviosismo o miedo ante eventos futuros o situaciones inciertas. A diferencia del estrés, que generalmente está relacionado con un factor desencadenante específico, la ansiedad puede ser más generalizada y persistente.
- **Angustia**: Es una forma intensa de ansiedad o miedo que puede incluir síntomas físicos como opresión en el pecho, dificultad para respirar y una sensación de desesperación. Es una respuesta emocional a una amenaza percibida, ya sea real o imaginada.

Causas Comunes y Factores Desencadenantes

Entender las causas del estrés, la ansiedad y la angustia es el primer paso para manejarlos efectivamente. Algunos factores comunes incluyen:

- **Demandas laborales**: Plazos ajustados, exceso de trabajo, falta de apoyo.
- **Problemas personales**: Relaciones interpersonales, conflictos familiares, problemas financieros.

- **Eventos traumáticos**: Pérdida de un ser querido, accidentes, desastres naturales.
- **Incertidumbre y cambios**: Cambios significativos en la vida, decisiones importantes, situaciones desconocidas.

Efectos en la Salud Física y Mental

El impacto del estrés, la ansiedad y la angustia en nuestra salud puede ser significativo. Algunos efectos incluyen:

- **Físicos**: Dolor de cabeza, problemas digestivos, fatiga, insomnio, problemas cardiovasculares.
- **Mentales**: Irritabilidad, dificultad para concentrarse, depresión, ataques de pánico.
- **Comportamentales**: Aislamiento social, cambios en el apetito, abuso de sustancias, evitación de responsabilidades.

Reconocer estos efectos nos ayuda a tomar medidas preventivas y a buscar ayuda cuando sea necesario.

Capítulo 2: La Ciencia del Estrés y la Ansiedad

Explicación de la Respuesta Biológica al Estrés

Cuando nos enfrentamos a una situación estresante, nuestro cuerpo activa una respuesta conocida como "lucha o huida". Esta respuesta es una reacción biológica automática que nos prepara para enfrentar un peligro inminente. Los principales componentes de esta respuesta son:

- **Sistema Nervioso Simpático (SNS)**: Se activa para liberar adrenalina y noradrenalina, aumentando el ritmo cardíaco, la presión arterial y el flujo sanguíneo a los músculos.
- **Eje Hipotálamo-Pituitaria-Adrenal (HPA)**: Libera cortisol, una hormona que ayuda a mantener el estado de alerta y proporciona energía adicional al cuerpo.

Aunque esta respuesta es crucial para la supervivencia, la activación prolongada del SNS y el HPA puede tener efectos negativos en nuestra salud.

El Papel del Sistema Nervioso y el Cerebro

El cerebro desempeña un papel fundamental en la regulación del estrés y la ansiedad. Dos áreas clave involucradas son:

- **Amígdala**: Responsable de la detección de amenazas y la activación de la respuesta al estrés. La amígdala puede desencadenar una respuesta de miedo antes de que tengamos consciencia del peligro.
- **Corteza Prefrontal**: Involucrada en la toma de decisiones y la regulación emocional. La corteza prefrontal ayuda a evaluar la situación y a decidir la mejor manera de responder.

Cuando estamos estresados o ansiosos, la comunicación entre estas áreas puede verse alterada, dificultando la regulación de nuestras respuestas emocionales.

Estudios y Teorías Científicas Relevantes

Numerosos estudios han explorado los mecanismos subyacentes del estrés y la ansiedad. A continuación, se presentan algunas teorías y hallazgos clave:

- **Teoría del Estrés de Hans Selye**: Propone que el estrés tiene tres etapas: alarma, resistencia y agotamiento. Si no se maneja adecuadamente, el estrés crónico puede llevar a la fase de agotamiento, donde el cuerpo y la mente están sobrecargados.
- **Teoría de la Apreciación de Lazarus y Folkman**: Sugiere que el estrés es el resultado de un desequilibrio entre las demandas percibidas y los recursos disponibles para

afrontarlas. La forma en que evaluamos y respondemos a los estresores influye en nuestra experiencia de estrés.

- **Investigaciones sobre el Mindfulness**: Estudios han demostrado que prácticas como el mindfulness y la meditación pueden reducir la activación del SNS y aumentar la actividad en la corteza prefrontal, mejorando la regulación emocional.

Ejercicios Prácticos

Ejercicio 1: Registro del Estrés

Llevar un registro diario del estrés puede ayudarte a identificar patrones y factores desencadenantes. Anota:

- Situaciones estresantes que enfrentaste.
- Tus reacciones emocionales y físicas.
- Estrategias de afrontamiento que utilizaste.
- Resultados y aprendizajes.

Ejercicio 2: Técnicas de Relajación

Practica técnicas de relajación diaria para reducir la activación del SNS. Algunas técnicas efectivas incluyen:

- **Respiración profunda**: Inhala lentamente por la nariz, mantén la respiración durante unos segundos y exhala lentamente por la boca.
- **Relajación muscular progresiva**: Tensa y luego relaja cada grupo muscular del cuerpo, comenzando por los pies y avanzando hacia la cabeza.
- **Visualización guiada**: Imagina un lugar tranquilo y relajante, utilizando todos tus sentidos para crear una experiencia vívida.

Capítulo 3: Estrategias de Control del Estrés

Técnicas de Relajación y Respiración

Las técnicas de relajación y respiración son herramientas efectivas para reducir el estrés y promover un estado de calma. Aquí se presentan algunas prácticas recomendadas:

1. **Respiración Diafragmática**
   - Siéntate o acuéstate en una posición cómoda.
   - Coloca una mano en el abdomen y la otra en el pecho.
   - Inhala lentamente por la nariz, permitiendo que el abdomen se expanda.
   - Exhala suavemente por la boca, sintiendo cómo el abdomen se contrae.
   - Repite durante 5-10 minutos.
2. **Respiración 4-7-8**
   - Inhala profundamente por la nariz durante 4 segundos.
   - Mantén la respiración durante 7 segundos.
   - Exhala lentamente por la boca durante 8 segundos.
   - Repite este ciclo 4 veces.
3. **Relajación Muscular Progresiva**
   - Tensa un grupo muscular específico (por ejemplo, los pies) durante 5 segundos.
   - Relájalo y concéntrate en la sensación de liberación de tensión.
   - Avanza gradualmente a través de cada grupo muscular, desde los pies hasta la cabeza.

Ejercicios de Mindfulness y Meditación

El mindfulness y la meditación son prácticas que pueden ayudarte a reducir el estrés al centrar tu atención en el presente y promover una mayor consciencia de tus pensamientos y emociones.

1. **Meditación de Atención Plena**
    - Siéntate en una posición cómoda y cierra los ojos.
    - Concéntrate en tu respiración, observando cada inhalación y exhalación.
    - Cuando tu mente divague, gentilmente redirige tu atención a la respiración.
    - Practica durante 10-15 minutos diariamente.
2. **Escaneo Corporal**
    - Acuéstate en una posición cómoda y cierra los ojos.
    - Dirige tu atención a cada parte de tu cuerpo, comenzando por los dedos de los pies y avanzando hacia la cabeza.
    - Observa cualquier tensión o incomodidad y respira hacia esa área, permitiendo que se relaje.
    - Completa el escaneo en unos 20-30 minutos.
3. **Meditación Guiada**
    - Utiliza una aplicación de meditación o un audio guiado.
    - Sigue las instrucciones del guía para enfocarte en tu respiración, sensaciones corporales o visualizaciones relajantes.
    - Practica regularmente para maximizar los beneficios.

Métodos de Organización y Manejo del Tiempo

Una buena organización y manejo del tiempo pueden ayudar a reducir el estrés relacionado con las demandas diarias. Aquí hay algunas estrategias útiles:

1. **Lista de Tareas Prioritarias**
    - Haz una lista diaria de tareas, priorizando las más importantes.
    - Divide las tareas grandes en pasos más pequeños y manejables.
    - Tacha las tareas completadas para sentir una sensación de logro.

2. **Técnica Pomodoro**
    - Trabaja en una tarea específica durante 25 minutos sin interrupciones.
    - Toma un breve descanso de 5 minutos.
    - Repite el ciclo cuatro veces y luego toma un descanso más largo de 15-30 minutos.
3. **Planificación Semanal**
    - Dedica tiempo cada semana para planificar tus actividades y compromisos.
    - Asigna bloques de tiempo para tareas importantes y descansos.
    - Ajusta tu plan según sea necesario para mantener la flexibilidad.

Ejercicios Prácticos y Ejemplos

Ejercicio 1: Diario del Estrés

- Mantén un diario donde registres situaciones estresantes, tus respuestas y las estrategias de afrontamiento utilizadas.
- Reflexiona sobre lo que funcionó bien y lo que podrías mejorar.

Ejercicio 2: Planificación de Tiempo

- Crea un horario semanal que incluya tiempo para trabajo, actividades personales, ejercicio y relajación.
- Revisa tu horario diariamente y haz ajustes según sea necesario.

Ejercicio 3: Práctica de Mindfulness

- Dedica 10 minutos cada día a una práctica de mindfulness, como la meditación de atención plena o el escaneo corporal.
- Nota cualquier cambio en tu nivel de estrés y bienestar general.

Capítulo 4: Manejo de la Ansiedad

Técnicas Cognitivo-Conductuales

Las técnicas cognitivo-conductuales (TCC) son estrategias efectivas para manejar la ansiedad al identificar y cambiar patrones de pensamiento negativos y comportamientos problemáticos. Aquí se presentan algunas técnicas comunes:

1. **Reestructuración Cognitiva**
    - Identifica pensamientos negativos automáticos que contribuyen a la ansiedad.
    - Evalúa la evidencia a favor y en contra de estos pensamientos.
    - Reemplaza los pensamientos negativos con afirmaciones más realistas y equilibradas.

    Ejemplo:

    - Pensamiento negativo: "Siempre fracaso en todo."
    - Evidencia a favor: "Cometí un error en el trabajo la semana pasada."
    - Evidencia en contra: "He tenido varios éxitos en mi carrera y mi jefe me elogió por un proyecto reciente."
    - Pensamiento reestructurado: "Aunque cometí un error, he tenido muchos éxitos y estoy mejorando continuamente."
2. **Exposición Gradual**
    - Identifica situaciones o actividades que provocan ansiedad.
    - Divide estas situaciones en pasos más pequeños y manejables.
    - Enfrenta gradualmente cada paso, comenzando por los menos ansiógenos y avanzando hacia los más desafiantes.

Ejemplo:

- Situación ansiógena: Hablar en público.
- Pasos: 1) Practicar frente a un espejo. 2) Hablar frente a un amigo cercano. 3) Dar una presentación en un grupo pequeño. 4) Hablar en una reunión más grande.

3. **Técnicas de Relajación y Respiración**
    - Utiliza las técnicas de respiración y relajación mencionadas en el capítulo anterior para reducir la activación física asociada con la ansiedad.

Terapias Alternativas y Complementarias

Además de las técnicas cognitivo-conductuales, existen varias terapias alternativas y complementarias que pueden ayudar a manejar la ansiedad:

1. **Terapia de Arte**
    - Utiliza el proceso creativo para explorar y expresar emociones.
    - Puede incluir dibujo, pintura, escultura u otras formas de arte visual.
2. **Terapia de Movimiento**
    - Utiliza el movimiento y la danza para expresar emociones y reducir la ansiedad.
    - Puede ayudar a mejorar la conexión mente-cuerpo y liberar tensiones acumuladas.
3. **Aromaterapia**
    - Utiliza aceites esenciales para promover la relajación y reducir la ansiedad.
    - Algunos aceites comunes incluyen lavanda, manzanilla y bergamota.

Estrategias para Enfrentar Situaciones Específicas

1. **Ansiedad Social**
    - Practica habilidades sociales en situaciones seguras y de apoyo.
    - Usa técnicas de exposición gradual para enfrentar situaciones sociales desafiantes.
    - Utiliza la reestructuración cognitiva para desafiar pensamientos negativos sobre el juicio de los demás.
2. **Ansiedad Generalizada**
    - Establece una rutina diaria que incluya tiempo para la relajación y el autocuidado.
    - Utiliza técnicas de manejo del tiempo y planificación para reducir el estrés relacionado con las responsabilidades diarias.
    - Practica la gratitud y el pensamiento positivo para contrarrestar las preocupaciones excesivas.
3. **Ansiedad por el Rendimiento**
    - Establece metas realistas y alcanzables.
    - Practica la autoafirmación y la visualización positiva antes de situaciones de rendimiento.
    - Utiliza técnicas de respiración y relajación para calmar los nervios antes y durante la tarea.

Ejercicios Prácticos y Ejemplos

Ejercicio 1: Diario de Pensamientos

- Mantén un diario donde registres pensamientos negativos y ansiosos.
- Utiliza la reestructuración cognitiva para desafiar y cambiar estos pensamientos.

Ejercicio 2: Plan de Exposición Gradual

- Identifica una situación ansiógena y divídela en pasos manejables.
- Enfrenta gradualmente cada paso, registrando tus progresos y reflexiones.

Ejercicio 3: Práctica de Técnicas de Relajación

- Dedica tiempo cada día a practicar técnicas de respiración y relajación.
- Nota cualquier cambio en tus niveles de ansiedad y bienestar general.

Capítulo 5: Superando la Angustia

Reconocimiento y Aceptación de la Angustia

Superar la angustia comienza con el reconocimiento y la aceptación de este estado emocional. A menudo, tratamos de evitar o reprimir la angustia, lo cual puede intensificar su impacto. En su lugar, es útil aceptar la angustia como una parte natural de la experiencia humana.

1. **Identificación de la Angustia**
   - Reconoce los síntomas físicos y emocionales de la angustia, como opresión en el pecho, dificultad para respirar, y sentimientos de desesperación.
   - Usa un diario para registrar momentos de angustia y reflexionar sobre posibles desencadenantes.
2. **Aceptación Emocional**
   - Practica la autocompasión y recuerda que experimentar angustia no es un signo de debilidad.
   - Permítete sentir y procesar la angustia sin juzgarte a ti mismo.

Estrategias para Manejar la Angustia en el Día a Día

1. **Descomposición de Tareas**
   - Cuando te sientas abrumado por una tarea grande, divídela en pasos más pequeños y manejables.
   - Enfócate en completar un paso a la vez.

2. **Uso de Técnicas de Grounding (Enraizamiento)**
   - Estas técnicas pueden ayudarte a centrarte en el presente y a reducir la intensidad de la angustia.

   Ejemplos de Grounding:

   - **Técnica 5-4-3-2-1**: Identifica 5 cosas que puedes ver, 4 cosas que puedes tocar, 3 cosas que puedes oír, 2 cosas que puedes oler, y 1 cosa que puedes saborear.
   - **Contacto con el Entorno**: Usa tus sentidos para conectarte con el entorno inmediato, como sentir la textura de un objeto, escuchar el sonido ambiente, o saborear una bebida caliente.
3. **Práctica de la Respiración Consciente**
   - Usa técnicas de respiración profunda para calmar el sistema nervioso y reducir la angustia.
   - Ejercicio: Inhala contando hasta 4, mantén la respiración contando hasta 4, y exhala contando hasta 4. Repite varias veces.

Apoyo Social y Profesional

Buscar apoyo es crucial para manejar la angustia de manera efectiva. No estás solo en esto, y hay recursos disponibles para ayudarte.

1. **Apoyo Social**
    - Habla con amigos, familiares o compañeros de trabajo sobre tus sentimientos. Compartir tus experiencias puede aliviar la carga emocional.
    - Participa en grupos de apoyo donde puedas conectarte con otros que están pasando por experiencias similares.
2. **Ayuda Profesional**
    - Considera buscar la ayuda de un terapeuta o consejero que pueda proporcionarte estrategias adicionales y apoyo personalizado.
    - Terapias recomendadas: Terapia Cognitivo-Conductual (TCC), Terapia de Aceptación y Compromiso (ACT), Terapia de Exposición.

Ejercicios Prácticos y Ejemplos

Ejercicio 1: Diario de Angustia

- Mantén un diario donde registres tus experiencias de angustia, incluyendo desencadenantes, síntomas y respuestas.
- Reflexiona sobre lo que aprendiste de cada episodio y cómo puedes manejarlo mejor en el futuro.

Ejercicio 2: Plan de Grounding

- Elabora un plan de técnicas de grounding que puedas usar cuando sientas angustia.
- Practica estas técnicas regularmente para que se vuelvan una segunda naturaleza.

Ejercicio 3: Red de Apoyo

- Haz una lista de personas y recursos que puedas recurrir cuando necesites apoyo.

- Establece un plan para comunicarte con ellos regularmente, no solo en momentos de crisis.

Capítulo 6: Estilo de Vida y Bienestar

Importancia de la Alimentación y el Ejercicio

Mantener un estilo de vida saludable es fundamental para el control del estrés, la ansiedad y la angustia. La alimentación y el ejercicio juegan un papel crucial en el bienestar general.

1. **Alimentación Saludable**
    - **Nutrientes Esenciales**: Asegúrate de consumir una dieta equilibrada que incluya todos los grupos de alimentos. Las vitaminas y minerales, como el magnesio, el zinc, y las vitaminas B, son especialmente importantes para la salud mental.
    - **Alimentos que Mejoran el Estado de Ánimo**: Incluye alimentos ricos en triptófano, como pavo, huevos y plátanos, que ayudan a producir serotonina, una hormona que mejora el estado de ánimo.
    - **Hidratación**: Mantén una buena hidratación, ya que la deshidratación puede afectar negativamente el estado de ánimo y los niveles de energía.
    - **Evitar Estimulantes y Depresores**: Limita el consumo de cafeína, alcohol y azúcar, ya que pueden exacerbar la ansiedad y los problemas de sueño.
2. **Ejercicio Regular**
    - **Beneficios del Ejercicio**: La actividad física regular ayuda a reducir el estrés, mejora el estado de ánimo y promueve un mejor sueño. El ejercicio libera endorfinas, que actúan como analgésicos naturales y elevan el ánimo.
    - **Tipos de Ejercicio**: Incorpora una combinación de ejercicios aeróbicos (como correr, nadar o andar en

bicicleta), entrenamiento de fuerza y ejercicios de flexibilidad (como yoga o pilates).

  - **Frecuencia**: Apunta a al menos 30 minutos de actividad física moderada la mayoría de los días de la semana. Incluso actividades ligeras, como caminar o jardinería, pueden ser beneficiosas.

Dormir Bien para Reducir el Estrés y la Ansiedad

El sueño es fundamental para la salud mental y física. Un buen descanso nocturno puede ayudarte a manejar mejor el estrés y la ansiedad.

1. **Rutina de Sueño Consistente**
   - **Horario Regular**: Trata de ir a dormir y despertarte a la misma hora todos los días, incluso los fines de semana.
   - **Rituales de Relajación**: Crea una rutina de relajación antes de acostarte, como leer un libro, tomar un baño caliente o practicar la meditación.
2. **Ambiente Propicio para Dormir**
   - **Entorno Oscuro y Silencioso**: Asegúrate de que tu dormitorio sea oscuro, tranquilo y fresco. Usa cortinas opacas y dispositivos de ruido blanco si es necesario.
   - **Cama Cómoda**: Invierte en un colchón y almohadas de buena calidad que apoyen una postura correcta y comodidad.
3. **Limitar la Exposición a Pantallas**
   - **Desconexión**: Evita el uso de dispositivos electrónicos al menos una hora antes de acostarte, ya que la luz azul puede interferir con la producción de melatonina, la hormona del sueño.

Incorporar Hábitos Saludables en la Vida Diaria

Adoptar hábitos saludables puede ayudarte a mantener el equilibrio emocional y mejorar tu calidad de vida.

1. **Practicar el Mindfulness**
    - **Atención Plena**: Dedica tiempo cada día a practicar el mindfulness, centrándote en el momento presente sin juzgar.
    - **Actividades Cotidianas**: Integra el mindfulness en actividades diarias como comer, caminar o lavar los platos, prestando atención plena a cada acción.
2. **Gestión del Tiempo**
    - **Priorizar Tareas**: Aprende a priorizar y delegar tareas para evitar sentirte abrumado.
    - **Tomar Descansos**: Programa descansos regulares durante el día para recargar energías y reducir el estrés.
3. **Conectar con Otros**
    - **Relaciones Positivas**: Cultiva relaciones positivas y de apoyo. La conexión social es fundamental para el bienestar emocional.
    - **Actividades en Grupo**: Participa en actividades comunitarias, clases o grupos de interés común para ampliar tu red social y encontrar apoyo.

Ejercicios Prácticos y Ejemplos

Ejercicio 1: Plan de Alimentación Saludable

- Crea un plan de comidas semanal que incluya una variedad de alimentos nutritivos.
- Asegúrate de incluir frutas, verduras, proteínas magras y granos enteros.

Ejercicio 2: Diario de Ejercicio

- Mantén un registro de tus actividades físicas diarias, incluyendo el tipo de ejercicio, duración e intensidad.
- Establece metas de actividad física y monitorea tu progreso.

Ejercicio 3: Rutina de Sueño

- Establece una rutina de sueño que incluya una hora fija para acostarte y despertarte.
- Crea un entorno propicio para dormir y practica rituales de relajación antes de acostarte.

Capítulo 7: Herramientas y Recursos Adicionales

Aplicaciones y Tecnologías Útiles

En la era digital, hay numerosas aplicaciones y herramientas tecnológicas que pueden ayudarte a manejar el estrés, la ansiedad y la angustia. Aquí se presentan algunas opciones recomendadas:

1. **Aplicaciones de Meditación y Mindfulness**
   - **Headspace**: Ofrece meditaciones guiadas, ejercicios de mindfulness y técnicas para mejorar el sueño.
   - **Calm**: Incluye meditaciones, historias para dormir, música relajante y ejercicios de respiración.
   - **Insight Timer**: Una vasta biblioteca de meditaciones gratuitas y la posibilidad de unirse a grupos de interés.
2. **Aplicaciones de Seguimiento del Estado de Ánimo**
   - **Moodpath**: Ayuda a monitorear el estado de ánimo y proporciona ejercicios para mejorar la salud mental.
   - **Daylio**: Permite llevar un diario de estado de ánimo y actividades, facilitando la identificación de patrones.
3. **Aplicaciones de Ejercicio**
   - **Nike Training Club**: Ofrece entrenamientos gratuitos en diferentes niveles y categorías.

- **MyFitnessPal**: Ayuda a seguir la nutrición y el ejercicio diario, promoviendo hábitos saludables.

Libros y Materiales Recomendados

La lectura puede proporcionar una profunda comprensión y nuevas estrategias para manejar el estrés y la ansiedad. Aquí hay algunos libros recomendados:

1. **"El poder del ahora" de Eckhart Tolle**
   - Enfocado en la importancia del momento presente y cómo liberar la mente de pensamientos que causan estrés y ansiedad.
2. **"Mindfulness: Guía práctica" de Mark Williams y Danny Penman**
   - Una introducción al mindfulness con ejercicios prácticos para reducir el estrés y la ansiedad.
3. **"El cerebro y la inteligencia emocional: Nuevos descubrimientos" de Daniel Goleman**
   - Explora cómo la inteligencia emocional impacta nuestra vida y proporciona herramientas para mejorarla.

Cómo Encontrar Ayuda Profesional

Buscar ayuda profesional puede ser un paso crucial para manejar el estrés, la ansiedad y la angustia de manera efectiva. Aquí hay algunas formas de encontrar apoyo profesional:

1. **Terapeutas y consejeros**
   - **Psicólogos y Psiquiatras**: Especialistas en salud mental que pueden proporcionar terapia y, en algunos casos, medicación.
   - **Consejeros**: Profesionales capacitados para ofrecer apoyo emocional y estrategias de afrontamiento.
2. **Grupos de Apoyo**

    - **Grupos en Persona**: Busca grupos de apoyo locales donde puedas compartir experiencias y obtener apoyo de personas que enfrentan desafíos similares.
    - **Grupos en Línea**: Plataformas como Reddit, Facebook y otros foros en línea tienen comunidades de apoyo para diversas condiciones.
3. **Líneas de Ayuda**
    - **Líneas de Crisis**: Servicios telefónicos que proporcionan apoyo inmediato y confidencial para quienes están en crisis.
    - **Chat en Línea**: Algunos servicios ofrecen chat en vivo con consejeros capacitados para brindar apoyo emocional.

Ejercicios Prácticos y Ejemplos

Ejercicio 1: Uso de Aplicaciones de Meditación

- Descarga una aplicación de meditación como Calm o Headspace.
- Dedica 10-15 minutos cada día a practicar las meditaciones guiadas.
- Lleva un registro de tus sesiones y nota cualquier cambio en tu nivel de estrés y ansiedad.

Ejercicio 2: Diario de Estado de Ánimo

- Utiliza una aplicación como Moodpath o Daylio para llevar un registro diario de tu estado de ánimo y actividades.
- Revisa tus entradas periódicamente para identificar patrones y desencadenantes.

Ejercicio 3: Plan de Búsqueda de Ayuda Profesional

- Investiga terapeutas y consejeros en tu área.
- Haz una lista de posibles profesionales y servicios de apoyo.

- Agenda una cita inicial para discutir tus necesidades y explorar opciones de tratamiento.

Conclusión

Resumen de los Puntos Clave

En este libro hemos explorado una variedad de estrategias prácticas y científicas para manejar el estrés, la ansiedad y la angustia. Desde técnicas de respiración y relajación, hasta la incorporación de hábitos saludables y la búsqueda de apoyo profesional, esperamos que hayas encontrado herramientas útiles para mejorar tu bienestar.

Reflexiones Finales

Recuerda que el manejo del estrés, la ansiedad y la angustia es un proceso continuo. Sé amable contigo mismo mientras aprendes y aplicas estas estrategias. La autocompasión y la perseverancia son claves en este viaje hacia una vida más equilibrada y tranquila.

Motivación para el Lector

Has dado un paso importante al buscar maneras de mejorar tu salud mental. Cada pequeño cambio que implementes puede tener un impacto significativo. Sigue adelante, y no dudes en buscar el apoyo que necesites en tu camino. ¡Tú tienes el poder de controlar tu bienestar!

Apéndices (opcional)

Cuestionarios y Autoevaluaciones

- Incluye cuestionarios para evaluar niveles de estrés y ansiedad.
- Proporciona herramientas para medir el progreso a lo largo del tiempo.

Registro de Actividades y Progresos

- Formatos para llevar un registro de prácticas de relajación, ejercicio y otros hábitos saludables.

Recursos de Apoyo Adicionales

- Listado de organizaciones, sitios web y libros adicionales para el apoyo continuo.

Capítulo 8: Estrategias Militares para Manejar el Estrés, la Ansiedad y la Angustia en Situaciones Extremas

El ejército de los Estados Unidos ha desarrollado una serie de estrategias y técnicas para ayudar a sus soldados a manejar el estrés, la ansiedad y la angustia en situaciones extremas, como el combate. Estas prácticas, basadas en décadas de experiencia y investigación, pueden ser valiosas no solo para los militares, sino también para la vida civil. En este capítulo, exploraremos algunas de estas estrategias y cómo pueden aplicarse en la vida cotidiana.

Entrenamiento de Resiliencia y Dureza Mental

1. **Preparación Mental**
    - **Visualización Positiva**: Los soldados son entrenados para visualizar el éxito en misiones y operaciones antes de realizarlas. Esta técnica ayuda a crear un estado mental positivo y reduce la ansiedad anticipatoria.
    - **Ensayo Mental**: Practicar mentalmente escenarios de combate y las respuestas adecuadas mejora la confianza y reduce el estrés durante situaciones reales.
2. **Exposición Graduada al Estrés**
    - **Entrenamiento Realista**: Los ejercicios de entrenamiento que simulan condiciones de combate

permiten a los soldados acostumbrarse a situaciones estresantes de manera controlada, aumentando su capacidad para manejar el estrés real.

- **Inmunización al Estrés**: A través de la exposición repetida a situaciones estresantes en un entorno de entrenamiento, los soldados desarrollan una mayor tolerancia al estrés.

Técnicas de Manejo del Estrés en el Campo de Batalla

1. **Respiración Táctica**
   - **Box Breathing**: Esta técnica de respiración, también conocida como respiración cuadrada, se utiliza para reducir la ansiedad y mejorar el enfoque.
     - Inhala por la nariz contando hasta cuatro.
     - Mantén la respiración contando hasta cuatro.
     - Exhala por la boca contando hasta cuatro.
     - Mantén la exhalación contando hasta cuatro.
   - Repite este ciclo varias veces para calmar el sistema nervioso.
2. **Mindfulness y Conciencia Situacional**
   - **Atención Plena en el Presente**: Practicar el mindfulness ayuda a los soldados a mantenerse enfocados en el momento presente, lo cual es crucial en situaciones de alta tensión.
   - **Conciencia Situacional**: Estar consciente del entorno y de las propias reacciones permite una mejor toma de decisiones bajo presión.

Apoyo Social y Cohesión de Equipo

1. **Cohesión de Unidad**
   - **Trabajo en Equipo**: Fomentar la camaradería y el apoyo mutuo dentro de la unidad es fundamental para manejar el estrés y la ansiedad en situaciones de combate.

- **Confianza y Dependencia**: Saber que se puede confiar en los compañeros de equipo proporciona un sentido de seguridad y reduce la angustia.

2. **Desahogo y Comunicación**
   - **Debriefings**: Después de una misión o situación estresante, los soldados participan en sesiones de debriefing donde pueden hablar sobre sus experiencias y sentimientos. Esto ayuda a procesar los eventos y reduce la carga emocional.
   - **Grupos de Apoyo**: Los soldados tienen acceso a grupos de apoyo y servicios de consejería para ayudar a manejar el estrés y la ansiedad.

Estrategias para el Manejo a Largo Plazo

1. **Rutinas de Autocuidado**
   - **Ejercicio Regular**: Mantener una rutina de ejercicio físico ayuda a liberar la tensión acumulada y mejora el estado de ánimo.
   - **Nutrición Adecuada**: Una dieta equilibrada y saludable es esencial para mantener la energía y la capacidad de recuperación.
2. **Prácticas de Relajación**
   - **Meditación y Yoga**: Muchos soldados practican la meditación y el yoga para reducir el estrés y mejorar la resiliencia mental.
   - **Terapia de Masaje**: La terapia de masaje es utilizada para aliviar la tensión muscular y promover la relajación.
3. **Apoyo Profesional**
   - **Terapia Cognitivo-Conductual (TCC)**: La TCC es una forma de terapia efectiva para manejar el estrés y la ansiedad. Los soldados tienen acceso a profesionales de salud mental que utilizan esta técnica.
   - **Programas de Resiliencia**: El ejército ofrece programas específicos de resiliencia que enseñan

habilidades para manejar el estrés y la ansiedad de manera efectiva.

Ejercicios Prácticos y Ejemplos

Ejercicio 1: Practica de Respiración Táctica

- Dedica unos minutos cada día a practicar la respiración táctica (Box Breathing).
- Nota cómo esta técnica afecta tu nivel de ansiedad y capacidad de concentración.

Ejercicio 2: Visualización Positiva

- Antes de enfrentar una situación estresante, cierra los ojos e imagina detalladamente cómo te gustaría que se desarrolle.
- Visualiza el éxito y cómo manejas cualquier desafío con calma y eficacia.

Ejercicio 3: Sesión de Debriefing Personal

- Después de un día particularmente estresante, toma un tiempo para reflexionar sobre tus experiencias.
- Escribe en un diario sobre lo que sucedió, cómo te sentiste y qué podrías hacer de manera diferente en el futuro.

Reflexiones Finales

Las estrategias utilizadas por los soldados del ejército estadounidense para manejar el estrés, la ansiedad y la angustia en situaciones extremas pueden ser aplicadas por cualquier persona para mejorar su capacidad de enfrentar desafíos diarios. Incorporar estas prácticas en tu vida cotidiana puede ayudarte a desarrollar una mayor resiliencia y bienestar emocional.

Capítulo 9: Técnicas de Monjes para Mantener la Calma, la Concentración y la Relajación

Monjes de diferentes tradiciones y culturas han desarrollado técnicas milenarias para mantener la calma, la concentración y la relajación. Estas prácticas, originadas en el Tíbet, Japón, India y otros lugares, no solo ayudan a los monjes en su vida espiritual, sino que también ofrecen valiosas lecciones para la vida cotidiana. A continuación, exploramos algunas de estas técnicas y cómo pueden aplicarse para manejar el estrés, la ansiedad y la angustia.

Prácticas de los Monjes Tibetanos

1. **Meditación Tántrica**
   - **Visualización**: Los monjes tibetanos utilizan visualizaciones complejas de deidades y mandalas para enfocar la mente y desarrollar la concentración.
   - **Recitación de Mantras**: Repetir mantras específicos, como "Om Mani Padme Hum", ayuda a calmar la mente y conectar con un estado de paz interior.
2. **Meditación Analítica**
   - **Reflexión y Contemplación**: Los monjes reflexionan sobre enseñanzas filosóficas y conceptos como la impermanencia y la compasión, lo cual profundiza su comprensión y reduce el apego a las preocupaciones mundanas.
3. **Pranayama (Control de la Respiración)**
   - **Respiración Consciente**: Técnicas de control de la respiración, como la respiración alterna por las fosas nasales, ayudan a equilibrar el sistema nervioso y a inducir un estado de calma profunda.

Prácticas de los Monjes Zen Japoneses

1. **Zazen (Meditación Sentada)**
   - **Postura y Respeto**: La práctica de Zazen implica sentarse en una postura específica con la espalda recta, las piernas cruzadas y las manos en un mudra de meditación, enfocándose en la respiración y dejando pasar los pensamientos sin aferrarse a ellos.
   - **Kinhin (Meditación Caminando)**: Intercalada con Zazen, la meditación caminando ayuda a mantener la concentración y a integrar la práctica meditativa en la actividad física.
2. **Koans**
   - **Resolución de Enigmas**: Los koans son preguntas o enigmas aparentemente ilógicos que los monjes Zen contemplan para trascender el pensamiento racional y alcanzar una comprensión más profunda de la naturaleza de la realidad.
3. **Samu (Trabajo Meditativo)**
   - **Práctica en la Vida Cotidiana**: Las tareas diarias, como limpiar o cocinar, se realizan con plena atención y presencia, convirtiendo cada actividad en una forma de meditación.

Prácticas de los Monjes Hindúes (India)

1. **Meditación Védica**
   - **Mantra Japa**: La repetición de mantras sagrados, como "Om" o "So Hum", se utiliza para calmar la mente y conectar con un estado de paz interior.
   - **Dhyana (Concentración Prolongada)**: La meditación prolongada en un objeto o punto focal ayuda a profundizar la concentración y a experimentar un estado de unión con lo divino.

2. **Yoga**
    - **Asanas (Posturas)**: La práctica de posturas de yoga ayuda a liberar la tensión física y a preparar el cuerpo para la meditación.
    - **Pranayama (Control de la Respiración)**: Técnicas avanzadas de respiración, como Kapalabhati y Anulom Vilom, equilibran la energía del cuerpo y la mente, promoviendo un estado de calma y claridad.
3. **Bhakti (Devoción)**
    - **Kirtan y Bhajan (Cantos Devocionales)**: Cantar canciones devocionales en grupo eleva el espíritu y fomenta un sentido de comunidad y conexión con lo divino.
    - **Puja (Rituales de Devoción)**: Los rituales diarios de ofrenda y adoración ayudan a centrar la mente y a cultivar una actitud de gratitud y entrega.

Ejercicios Prácticos y Ejemplos

Ejercicio 1: Meditación de Mantra

- Elige un mantra que resuene contigo, como "Om" o "Om Mani Padme Hum".
- Siéntate en una posición cómoda y repite el mantra en voz baja o en silencio durante 10-15 minutos, enfocándote en el sonido y la vibración.

Ejercicio 2: Práctica de Zazen

- Encuentra un lugar tranquilo y siéntate en una posición cómoda, con la espalda recta y las piernas cruzadas.
- Enfócate en tu respiración, contando cada inhalación y exhalación desde 1 hasta 10, y luego comienza de nuevo.
- Practica durante 15-20 minutos, permitiendo que los pensamientos pasen sin aferrarte a ellos.

Ejercicio 3: Yoga y Pranayama

- Practica una serie de posturas de yoga simples, como la postura del niño, el perro mirando hacia abajo y la postura del árbol.
- Después de la práctica de asanas, realiza la técnica de respiración alterna por las fosas nasales (Anulom Vilom) durante 5-10 minutos para equilibrar tu energía.

Reflexiones Finales

Las técnicas utilizadas por los monjes de diversas tradiciones ofrecen una rica fuente de sabiduría y práctica para manejar el estrés, la ansiedad y la angustia. Al integrar estas prácticas en tu vida diaria, puedes cultivar una mayor calma, concentración y relajación, independientemente de los desafíos que enfrentes.

Capítulo 10: Enfoques Históricos sobre la Ansiedad, los Miedos y la Angustia en las Civilizaciones Antiguas

La ansiedad, los miedos y la angustia no son fenómenos exclusivos de la era moderna. Civilizaciones antiguas como la griega, la romana y la egipcia también lidiaron con estos estados emocionales y desarrollaron diversas formas de entender y mitigar sus efectos. Este capítulo explora cómo estas culturas abordaban estos temas y las prácticas que recomendaban para enfrentarlos.

Los Antiguos Griegos

1. **Filósofos y la Ansiedad**
    - **Sócrates y la Autoconciencia**: Sócrates creía en la importancia de conocerse a uno mismo. La autoconciencia era vista como una forma de comprender y controlar las emociones perturbadoras.

- **Platón y la Dualidad del Alma**: Platón argumentaba que la ansiedad y la angustia eran el resultado de la discordia entre el cuerpo y el alma. Promovía la búsqueda de la armonía interior a través de la filosofía y la reflexión.

2. **Epicureísmo y la Tranquilidad**
   - **Epicuro y la Ataraxia**: Epicuro proponía la ataraxia, un estado de paz y libertad de perturbaciones, como el objetivo final. Creía que los miedos, especialmente los relacionados con la muerte y los dioses, eran irracionales y podían ser superados mediante la razón y la comprensión filosófica.
3. **Estoicismo y la Serenidad**
   - **Zenón de Citio y la Resiliencia**: Los estoicos, liderados por Zenón de Citio, enseñaban que la serenidad se lograba aceptando lo que no se puede controlar y enfocándose en la virtud y la razón. La práctica de la meditación estoica y la reflexión diaria eran métodos comunes para mantener la calma y enfrentar la angustia.

Los Antiguos Romanos

1. **Seneca y la Gestión de la Ansiedad**
   - **Escritos Filosóficos**: Séneca, un destacado filósofo estoico romano, escribió extensamente sobre cómo manejar la ansiedad y la angustia. En sus cartas, aconsejaba a sus lectores a reflexionar sobre sus temores y a prepararse mentalmente para posibles adversidades.
   - **Aceptación y Resiliencia**: Séneca promovía la aceptación de la inevitabilidad de la muerte y las dificultades, viendo en la preparación y la reflexión racional un medio para mitigar la ansiedad.

2. **Marco Aurelio y la Meditación**
   - **Diarios Personales**: Marco Aurelio, emperador y filósofo estoico, utilizaba la escritura y la meditación diaria para reflexionar sobre sus miedos y ansiedades. En sus "Meditaciones", abogaba por la práctica de la gratitud, la autoexaminación y el control de las emociones a través de la razón.
3. **Prácticas Cotidianas**
   - **Rutinas y Disciplina**: Los romanos valoraban la disciplina y la rutina diaria como medios para mantener el control emocional. La práctica regular de ejercicios físicos, baños termales y actividades recreativas también ayudaba a aliviar el estrés y la ansiedad.

Los Antiguos Egipcios

1. **Comprensión Espiritual y Médica**
   - **Intervenciones Divinas**: Los egipcios creían que los estados emocionales perturbadores, como la ansiedad y la angustia, podían ser causados por desequilibrios espirituales. Consultaban a sacerdotes y sanadores para recibir amuletos y realizar rituales destinados a aplacar a los dioses y restablecer el equilibrio.
   - **Papiro Ebers**: Este antiguo texto médico describe tratamientos para diversas enfermedades, incluidas las emocionales. Los egipcios utilizaban hierbas, ungüentos y rituales mágicos para tratar los síntomas de la ansiedad y la angustia.
2. **Rituales y Amuletos**
   - **Uso de Amuletos**: Los amuletos, como el Ojo de Horus y el Escarabajo, se utilizaban para proteger contra las fuerzas malignas y los miedos. Se creía que llevándolos se podía evitar la ansiedad y atraer energías positivas.

    - **Rituales de Purificación**: Los rituales de purificación, que incluían baños sagrados y recitaciones de himnos, eran comunes para calmar la mente y el espíritu.
3. **Prácticas de Relajación**
    - **Música y Danza**: La música y la danza eran utilizadas en ceremonias y festivales para aliviar el estrés y promover la alegría. Se creía que estos actos conectaban a las personas con lo divino y les proporcionaban alivio emocional.

Ejercicios Prácticos y Ejemplos

Ejercicio 1: Meditación Estoica

- Dedica unos minutos cada día a reflexionar sobre un pensamiento o frase estoica. Pregúntate cómo puedes aplicar la sabiduría de los estoicos para aceptar lo que no puedes cambiar y concentrarte en tus propias virtudes.

Ejercicio 2: Visualización de Amuletos Egipcios

- Imagina que llevas un amuleto protector, como el Ojo de Horus. Visualiza cómo te protege y aleja la ansiedad y la angustia, trayendo paz y equilibrio a tu vida.

Ejercicio 3: Practica de la Ataraxia Epicúrea

- Toma un tiempo para identificar y desafiar los miedos irracionales que puedas tener, especialmente aquellos relacionados con el futuro o la muerte. Reflexiona sobre la naturaleza de estos miedos y busca entenderlos desde una perspectiva racional.

Reflexiones Finales

Las civilizaciones antiguas nos han legado una rica herencia de prácticas y enseñanzas para manejar la ansiedad, los miedos y la angustia. Al integrar estas técnicas en nuestra vida moderna, podemos encontrar nuevas formas de alcanzar la calma, la concentración y el bienestar emocional.

Capítulo 11: Perspectivas Filosóficas sobre la Ansiedad, los Miedos y la Angustia

La filosofía ha jugado un papel crucial en la comprensión y el manejo de la ansiedad, los miedos y la angustia a lo largo de la historia. Desde los tiempos antiguos hasta la filosofía contemporánea, los pensadores han explorado estos estados emocionales y han ofrecido diversas perspectivas y soluciones. Este capítulo proporciona un análisis detallado de cómo la filosofía aborda estos temas, abarcando desde las escuelas clásicas hasta las ideas modernas.

Filosofía Antigua

1. **Estoicismo**
    - **Control y Virtud**: Los estoicos, liderados por Zenón de Citio, enseñaban que la serenidad se lograba aceptando lo que no se puede controlar y enfocándose en la virtud y la razón. Según Séneca, las emociones perturbadoras, como la ansiedad y la angustia, son resultado de juicios erróneos y pueden ser gestionadas mediante la razón.
    - **Practica del Pre-meditatio Malorum**: Esta práctica implica anticipar posibles adversidades y reflexionar sobre ellas de antemano para reducir su impacto emocional.

2. **Epicureísmo**
    - **Búsqueda de la Ataraxia**: Epicuro proponía la ataraxia, un estado de paz y libertad de perturbaciones, como el objetivo final. Creía que los miedos, especialmente los relacionados con la muerte y los dioses, eran irracionales y podían ser superados mediante la razón y la comprensión filosófica.
    - **El Placer como Ausencia de Dolor**: Epicuro definía el placer como la ausencia de dolor físico y perturbación mental. Promovía una vida sencilla y la búsqueda de placeres naturales y necesarios.
3. **Platonismo**
    - **Dualidad del Alma y el Cuerpo**: Platón argumentaba que la ansiedad y la angustia eran el resultado de la discordia entre el cuerpo y el alma. La búsqueda de la armonía interior y el conocimiento filosófico eran vistos como medios para superar estos estados.
    - **El Mito de la Caverna**: Platón utilizaba este mito para ilustrar cómo el miedo a lo desconocido puede ser superado a través del conocimiento y la comprensión de la verdadera realidad.

Filosofía Medieval

1. **Agustín de Hipona**
    - **La Ansiedad Existencial**: San Agustín abordaba la ansiedad desde una perspectiva teológica, viendo la angustia como una separación de Dios. Creía que la fe y la devoción eran esenciales para encontrar paz y aliviar la ansiedad.
    - **Confesiones**: En sus "Confesiones", Agustín reflexiona sobre sus propias experiencias de ansiedad y angustia, y cómo encontró consuelo en la fe cristiana.
2. **Tomás de Aquino**
    - **Racionalidad y Fe**: Tomás de Aquino integraba la filosofía aristotélica con la teología cristiana,

sugiriendo que la razón y la fe podían trabajar juntas para comprender y manejar las emociones perturbadoras.

- **Virtudes Cardinales**: Aquino veía las virtudes, como la prudencia y la templanza, como claves para manejar la ansiedad y los miedos.

Filosofía Moderna

1. **René Descartes**
   - **La Duda Metódica**: Descartes introdujo la duda metódica como una forma de alcanzar la certeza, pero también reconoció que la duda puede ser una fuente de angustia. Proponía el uso de la razón como medio para superar la incertidumbre.
   - **Cogito, Ergo Sum**: Descartes afirmaba que el acto de pensar era prueba de la existencia, lo cual puede ofrecer una base sólida para la autoafirmación en tiempos de duda y ansiedad.
2. **David Hume**
   - **Empirismo y Emociones**: Hume sostenía que nuestras emociones y miedos están basados en percepciones y experiencias sensoriales. Argumentaba que comprendiendo la naturaleza de estas percepciones, podríamos manejar mejor nuestras emociones.
   - **Escepticismo Filosófico**: Hume proponía un escepticismo moderado, sugiriendo que debemos aceptar la incertidumbre como parte de la condición humana y no dejar que nos paralice.

Filosofía Contemporánea

1. **Existencialismo**
   - **Jean-Paul Sartre**: Sartre veía la angustia como una consecuencia inevitable de la libertad y la responsabilidad humanas. La ansiedad existencial

surge de la conciencia de la propia libertad y la responsabilidad de dar sentido a la propia vida.
   - **Albert Camus**: Camus describía la vida como esencialmente absurda, y la lucha contra la absurda como una fuente de angustia. Proponía la aceptación del absurdo y la búsqueda de significado a través de la rebelión constante contra la falta de sentido.
2. **Psicoanálisis Filosófico**
   - **Sigmund Freud**: Aunque Freud es más conocido como un psicoanalista, su trabajo tuvo profundas implicaciones filosóficas. Veía la ansiedad como un conflicto entre el ego, el id y el superego. El análisis de los sueños y la exploración del subconsciente eran métodos para entender y aliviar la ansiedad.
   - **Carl Jung**: Jung, alumno de Freud, veía la ansiedad como un desequilibrio en la psique. Su enfoque incluía la integración de los aspectos conscientes e inconscientes de la mente, a través de procesos como la individuación.

Prácticas Filosóficas para Mitigar la Ansiedad, los Miedos y la Angustia

1. **Diarios Filosóficos**
   - **Reflexión Diaria**: Llevar un diario para reflexionar sobre los pensamientos y emociones diarias, similar a las prácticas de Marco Aurelio y Séneca, ayuda a ganar perspectiva y a manejar la ansiedad.
2. **Meditación Filosófica**
   - **Lectura y Contemplación**: Dedicar tiempo a la lectura de textos filosóficos y a la contemplación de sus enseñanzas puede proporcionar una base sólida para enfrentar los miedos y la angustia.
3. **Diálogos Socráticos**
   - **Autoexamen y Debate**: Participar en diálogos socráticos, cuestionando y debatiendo ideas con

otros, puede clarificar pensamientos y reducir la ansiedad al alcanzar una comprensión más profunda de uno mismo y del mundo.

Reflexiones Finales

La filosofía ofrece una variedad de enfoques para comprender y manejar la ansiedad, los miedos y la angustia. Desde la razón y la virtud en el estoicismo, hasta la aceptación del absurdo en el existencialismo, estos enfoques proporcionan herramientas valiosas para enfrentar los desafíos emocionales de la vida. Integrar estas perspectivas filosóficas en la vida cotidiana puede enriquecer nuestra capacidad para encontrar la paz y el equilibrio.

Capítulo 12: Aportes de la Medicina, la Psiquiatría y los Fármacos en el Tratamiento de la Ansiedad, los Miedos y la Angustia

A pesar de los valiosos enfoques ofrecidos por la filosofía, la espiritualidad y las técnicas prácticas, hay casos en los que los trastornos de ansiedad, los miedos y la angustia persisten y requieren intervención médica y psiquiátrica. Este capítulo examina el papel crucial de la medicina, la psiquiatría y los fármacos en el tratamiento de estos trastornos, proporcionando una visión detallada de los métodos y medicamentos más comunes utilizados para aliviar estos estados emocionales.

El Rol de la Medicina y la Psiquiatría

1. **Evaluación Diagnóstica**
    - **Entrevista Clínica**: Un psiquiatra o psicólogo realiza una evaluación exhaustiva que incluye una entrevista clínica para identificar síntomas, historial médico y antecedentes familiares.

- **Cuestionarios y Escalas**: Herramientas como la Escala de Ansiedad de Hamilton (HAM-A) y el Inventario de Ansiedad de Beck (BAI) se utilizan para cuantificar la gravedad de los síntomas.

2. **Terapias Psicológicas**
   - **Terapia Cognitivo-Conductual (TCC)**: Considerada el estándar de oro para el tratamiento de la ansiedad y la angustia, la TCC ayuda a los pacientes a identificar y cambiar patrones de pensamiento y comportamiento negativos. Técnicas como la reestructuración cognitiva y la exposición gradual son comunes en la TCC.
   - **Terapia de Aceptación y Compromiso (ACT)**: ACT se enfoca en aceptar los pensamientos y sentimientos en lugar de luchar contra ellos, y en comprometerse a acciones que se alineen con los valores personales.
   - **Terapia Dialéctico-Conductual (TDC)**: Desarrollada inicialmente para el tratamiento del trastorno límite de la personalidad, la TDC es efectiva también para la ansiedad, enseñando habilidades de regulación emocional y mindfulness.

Fármacos Utilizados en el Tratamiento de la Ansiedad y la Angustia

1. **Ansiolíticos**
   - **Benzodiacepinas**: Medicamentos como el diazepam (Valium), el alprazolam (Xanax) y el lorazepam (Ativan) son efectivos para el alivio rápido de los síntomas de ansiedad. Actúan aumentando la actividad del neurotransmisor GABA en el cerebro, lo que tiene un efecto calmante. Sin embargo, su uso a largo plazo está limitado debido al riesgo de dependencia y tolerancia.
   - **Buspirona**: Un ansiolítico no benzodiacepínico que se utiliza para el tratamiento de la ansiedad

generalizada. Tiene un menor riesgo de dependencia y efectos secundarios.

2. **Antidepresivos**
   - **Inhibidores Selectivos de la Recaptación de Serotonina (ISRS)**: Medicamentos como la sertralina (Zoloft), el escitalopram (Lexapro) y la fluoxetina (Prozac) son comúnmente utilizados para tratar la ansiedad y la depresión. Actúan aumentando los niveles de serotonina en el cerebro.
   - **Inhibidores de la Recaptación de Serotonina y Noradrenalina (IRSN)**: La venlafaxina (Effexor) y la duloxetina (Cymbalta) son ejemplos de IRSN, que aumentan tanto la serotonina como la noradrenalina en el cerebro.
   - **Antidepresivos Tricíclicos (ATC)**: Aunque menos comunes debido a sus efectos secundarios, los ATC como la amitriptilina y la clomipramina son efectivos para ciertos tipos de ansiedad y trastornos obsesivo-compulsivos.
3. **Antipsicóticos Atípicos**
   - **Uso Adjunto**: Medicamentos como la quetiapina (Seroquel) y la aripiprazol (Abilify) pueden ser utilizados en combinación con antidepresivos para tratar casos severos de ansiedad que no responden a los tratamientos tradicionales.
4. **Beta-bloqueadores**
   - **Propranolol**: Utilizado principalmente para controlar los síntomas físicos de la ansiedad, como la taquicardia y el temblor, especialmente en situaciones de ansiedad situacional, como hablar en público.

Tratamientos Innovadores y Alternativos

1. **Estimulación Magnética Transcraneal (EMT)**
   - **Terapia No Invasiva**: EMT utiliza campos magnéticos para estimular las neuronas en áreas específicas del

cerebro. Ha mostrado ser efectiva en el tratamiento de la depresión resistente y está siendo investigada para la ansiedad.

2. **Terapia Electroconvulsiva (TEC)**
   - **Casos Severos**: TEC es un tratamiento eficaz para la depresión severa y la ansiedad resistente. Involucra la inducción de una breve convulsión mediante corriente eléctrica aplicada al cerebro bajo anestesia general.
3. **Medicamentos Naturales y Suplementos**
   - **Hierbas y Suplementos**: Algunos estudios sugieren que la hierba de San Juan, la valeriana y el magnesio pueden ayudar a reducir los síntomas de la ansiedad. Sin embargo, es importante consultar a un profesional de la salud antes de usar estos suplementos, ya que pueden interactuar con otros medicamentos.

Ejercicios Prácticos y Ejemplos

Ejercicio 1: Consulta con un Profesional de Salud Mental

- Si experimentas ansiedad o angustia persistente, programa una cita con un psiquiatra o psicólogo para una evaluación y recomendación de tratamiento.
- Lleva un registro de tus síntomas y cualquier factor desencadenante para compartir con el profesional.

Ejercicio 2: Monitorización de Medicación

- Si te recetan medicación, lleva un diario para monitorear los efectos y cualquier efecto secundario.
- Comunica regularmente con tu médico para ajustar la medicación según sea necesario.

Ejercicio 3: Integración de Terapias Psicológicas

- Practica técnicas aprendidas en la terapia, como la reestructuración cognitiva o la meditación mindfulness, diariamente.
- Usa aplicaciones de apoyo terapéutico, como apps de TCC, para reforzar las técnicas entre sesiones.

Reflexiones Finales

La medicina y la psiquiatría proporcionan herramientas esenciales para el tratamiento de la ansiedad, los miedos y la angustia, especialmente cuando otros métodos no son suficientes. La combinación de terapias psicológicas y medicamentos puede ofrecer un alivio significativo y mejorar la calidad de vida de las personas que sufren de estos trastornos. Es fundamental buscar ayuda profesional y seguir un plan de tratamiento adaptado a las necesidades individuales.

Capítulo 13: Tratamientos Naturales con Plantas, Hierbas y Especias para el Estrés, la Ansiedad y la Angustia

A lo largo de la historia, diversas culturas han utilizado plantas, hierbas y especias para tratar el estrés, la ansiedad y la angustia. Estos remedios naturales pueden complementar otras formas de tratamiento y ofrecer alivio sin los efectos secundarios asociados con muchos medicamentos modernos. En este capítulo, exploraremos una amplia variedad de tratamientos naturales y cómo pueden ser utilizados para mejorar la salud mental y emocional.

Plantas y Hierbas

1. **Valeriana (Valeriana officinalis)**
   - **Propiedades**: Conocida por sus efectos sedantes y relajantes, la raíz de valeriana se ha utilizado durante

siglos para tratar la ansiedad y los problemas del sueño.

  - **Uso**: Se puede tomar en forma de té, tintura o cápsula. Se recomienda consumirla antes de dormir para promover el sueño y reducir la ansiedad nocturna.

2. **Manzanilla (Matricaria chamomilla)**
   - **Propiedades**: La manzanilla tiene propiedades calmantes y antiinflamatorias. Es efectiva para reducir el estrés y la ansiedad leve.
   - **Uso**: Comúnmente consumida como té, también está disponible en forma de extracto líquido y cápsulas.
3. **Lavanda (Lavandula angustifolia)**
   - **Propiedades**: La lavanda es conocida por su capacidad para reducir la ansiedad y mejorar el estado de ánimo. Su aroma calmante puede ayudar a aliviar el estrés.
   - **Uso**: Puede usarse como aceite esencial en aromaterapia, en infusiones, o aplicarse tópicamente en forma de aceite diluido.
4. **Hierba de San Juan (Hypericum perforatum)**
   - **Propiedades**: Utilizada tradicionalmente para tratar la depresión leve a moderada, también puede ser efectiva para la ansiedad.
   - **Uso**: Se puede tomar en forma de té, cápsulas o extracto. Es importante tener precaución, ya que puede interactuar con otros medicamentos.
5. **Pasiflora (Passiflora incarnata)**
   - **Propiedades**: La pasiflora tiene efectos ansiolíticos y sedantes, ayudando a reducir la ansiedad y el insomnio.
   - **Uso**: Disponible en forma de té, tintura y cápsulas.
6. **Ashwagandha (Withania somnifera)**
   - **Propiedades**: Esta hierba adaptógena se utiliza en la medicina ayurvédica para reducir el estrés y la ansiedad, mejorando la resistencia del cuerpo al estrés.

- **Uso**: Se puede consumir en forma de polvo, cápsulas o té.

7. **Ginseng (Panax ginseng)**
   - **Propiedades**: El ginseng es un adaptógeno que ayuda a mejorar la resistencia al estrés, aumentar la energía y mejorar el bienestar general.
   - **Uso**: Se puede tomar como té, en cápsulas o en extracto.
8. **Kava (Piper methysticum)**
   - **Propiedades**: Kava es conocida por sus efectos calmantes y ansiolíticos. Es utilizada para tratar la ansiedad y promover la relajación.
   - **Uso**: Consumida principalmente en forma de té o cápsulas. Es importante usarla con precaución debido a posibles efectos hepatotóxicos.
   -

Especias

1. **Cúrcuma (Curcuma longa)**
   - **Propiedades**: La cúrcuma tiene propiedades antiinflamatorias y antioxidantes que pueden mejorar el estado de ánimo y reducir la ansiedad.
   - **Uso**: Puede añadirse a la comida, tomarse en cápsulas o como té.
2. **Canela (Cinnamomum verum)**
   - **Propiedades**: La canela puede ayudar a reducir los niveles de azúcar en sangre y mejorar la función cerebral, lo cual puede contribuir a reducir la ansiedad.
   - **Uso**: Se puede añadir a comidas, bebidas o tomarse en forma de cápsulas.
3. **Jengibre (Zingiber officinale)**
   - **Propiedades**: El jengibre tiene propiedades antiinflamatorias y antioxidantes que pueden ayudar a mejorar el estado de ánimo y reducir el estrés.

- **Uso**: Puede consumirse en forma de té, añadirse a alimentos o tomarse como suplemento.

Flores de Bach

1. **Rescue Remedy**
   - **Propiedades**: Una combinación de cinco flores de Bach (Impatiens, Star of Bethlehem, Cherry Plum, Rock Rose, Clematis) diseñada para el alivio inmediato del estrés y la ansiedad.
   - **Uso**: Se puede tomar en forma de gotas, pastillas o spray.

Tés e Infusiones Relajantes

1. **Té de Melisa (Melissa officinalis)**
   - **Propiedades**: La melisa tiene propiedades calmantes y puede ayudar a reducir el estrés y la ansiedad.
   - **Uso**: Consumida como té, a menudo combinada con otras hierbas como la menta.
2. **Té de Tilo (Tilia spp.)**
   - **Propiedades**: El tilo tiene efectos sedantes y puede ayudar a reducir la ansiedad y mejorar el sueño.
   - **Uso**: Comúnmente consumido como té.

Aromaterapia

1. **Aceite Esencial de Bergamota**
   - **Propiedades**: La bergamota tiene efectos relajantes y puede ayudar a reducir la ansiedad y el estrés.
   - **Uso**: Utilizado en difusores, baños o aplicado tópicamente (diluido).
2. **Aceite Esencial de Incienso (Boswellia carterii)**
   - **Propiedades**: El incienso tiene propiedades calmantes y puede ayudar a mejorar el estado de ánimo y reducir la ansiedad.

- **Uso**: Utilizado en aromaterapia o aplicado tópicamente (diluido).

Ejercicios Prácticos y Ejemplos

Ejercicio 1: Preparación de Té de Manzanilla

- Hervir una taza de agua y añadir una cucharada de flores de manzanilla secas.
- Dejar reposar durante 5-10 minutos.
- Colar y beber antes de dormir para promover la relajación.

Ejercicio 2: Baño Relajante con Aceite de Lavanda

- Añadir 10-15 gotas de aceite esencial de lavanda a una bañera llena de agua tibia.
- Sumérgete en el baño durante 20-30 minutos para aliviar el estrés y la ansiedad.

Ejercicio 3: Infusión de Valeriana para el Sueño

- Hervir una taza de agua y añadir una cucharadita de raíz de valeriana seca.
- Dejar reposar durante 10-15 minutos.
- Colar y beber 30 minutos antes de acostarse para promover un sueño reparador.

Reflexiones Finales

Los tratamientos naturales con plantas, hierbas y especias ofrecen una alternativa efectiva y segura para manejar el estrés, la ansiedad y la angustia. Al integrar estos remedios en tu rutina diaria, puedes complementar otros enfoques terapéuticos y mejorar tu bienestar general de manera holística.

Epílogo: Consideraciones Finales

A lo largo de este libro, hemos explorado una variedad de enfoques para manejar el estrés, la ansiedad y la angustia. Desde estrategias prácticas y técnicas científicas, pasando por la sabiduría de tradiciones filosóficas y espirituales, hasta los tratamientos médicos y naturales, hemos abarcado un amplio espectro de herramientas y conocimientos. Este epílogo pretende resumir y reflexionar sobre los puntos clave discutidos, ofreciendo consideraciones finales para integrar estas enseñanzas en la vida cotidiana.

Integración de Estrategias Diversas

Uno de los temas recurrentes a lo largo del libro ha sido la importancia de integrar múltiples enfoques para manejar el estrés y la ansiedad. No existe una solución única para todos; en cambio, la combinación de prácticas puede proporcionar un soporte más robusto y flexible. Aquí están algunas recomendaciones para una integración efectiva:

1. **Combina lo Científico y lo Espiritual**
   - Las técnicas de respiración y la meditación pueden ser combinadas con prácticas filosóficas como la reflexión estoica o la meditación Zen para crear un enfoque holístico.
   - Utiliza las evaluaciones y terapias psicológicas basadas en evidencia para entender y tratar los síntomas, mientras incorporas rituales y prácticas espirituales para el equilibrio emocional.
2. **Utiliza Recursos Naturales y Médicos**
   - Los tratamientos naturales con plantas y hierbas pueden complementar la medicación prescrita por un profesional de salud. Siempre consulta con un médico antes de combinar tratamientos.
   - La aromaterapia y los suplementos naturales pueden ser integrados en la rutina diaria para apoyar el

bienestar mental junto con terapias médicas y farmacológicas.

3. **Practica el Autocuidado Holístico**
   - Adopta hábitos saludables como una dieta equilibrada, ejercicio regular y prácticas de sueño reparador. Estas acciones cotidianas pueden tener un impacto significativo en la reducción del estrés y la ansiedad.
   - Mantén un diario de reflexión para monitorear tus progresos y ajusta tus estrategias según sea necesario.

El Poder de la Conexión Social

A lo largo del libro, hemos visto la importancia de las conexiones sociales en el manejo del estrés y la ansiedad. Las relaciones saludables y el apoyo social pueden ser un pilar fundamental en el camino hacia el bienestar.

1. **Busca Apoyo Social**
   - Participa en grupos de apoyo o comunidades que compartan intereses similares. La conexión con otros que enfrentan desafíos similares puede proporcionar consuelo y orientación.
   - No dudes en buscar ayuda profesional. Los terapeutas y consejeros están capacitados para ofrecer estrategias específicas y apoyo emocional.
2. **Fortalece las Relaciones Personales**
   - Cultiva relaciones positivas con amigos y familiares. La comunicación abierta y el apoyo mutuo son esenciales para mantener el equilibrio emocional.
   - Dedica tiempo a actividades sociales que te brinden alegría y relajación.

Aceptación y Compasión Personal

La aceptación y la autocompasión son elementos cruciales para manejar el estrés, la ansiedad y la angustia. La lucha constante contra estos estados emocionales puede intensificarlos; en cambio, aprender a aceptarlos como parte de la experiencia humana puede aliviar su carga.

1. **Practica la Autocompasión**
   - Trátate con la misma amabilidad y comprensión que ofrecerías a un amigo cercano. La autocompasión puede reducir la autocrítica y aumentar la resiliencia emocional.
   - Utiliza afirmaciones positivas y prácticas de mindfulness para cultivar una actitud de aceptación hacia ti mismo y tus experiencias.
2. **Acepta la Imperfección**
   - Reconoce que es normal experimentar estrés y ansiedad en respuesta a los desafíos de la vida. La perfección no es el objetivo; en su lugar, enfócate en el crecimiento y la mejora continua.
   - Aprende de cada experiencia y usa esos aprendizajes para desarrollar una mayor resiliencia y adaptabilidad.

Compromiso Continuo con el Bienestar

Finalmente, es importante recordar que el manejo del estrés, la ansiedad y la angustia es un viaje continuo. No hay soluciones rápidas ni definitivas, pero con un compromiso constante y la aplicación de las estrategias aprendidas, es posible alcanzar un estado de bienestar más equilibrado.

1. **Sé Persistente y Paciente**
   - La implementación de nuevas prácticas y hábitos lleva tiempo. Sé paciente contigo mismo y celebra cada

pequeño logro en tu camino hacia una mejor salud mental.
    - Ajusta y adapta tus estrategias según sea necesario. Lo que funciona en un momento puede necesitar ajustes en otro, y eso es parte del proceso de crecimiento personal.

2. **Busca Inspiración y Educación Continua**
    - Continúa aprendiendo y explorando nuevas formas de manejar el estrés y la ansiedad. La educación continua y la búsqueda de inspiración pueden mantenerte motivado y comprometido con tu bienestar.
    - Aprovecha los recursos disponibles, como libros, talleres y grupos de apoyo, para mantenerte informado y conectado.

Reflexión Final

El viaje hacia la gestión eficaz del estrés, la ansiedad y la angustia es único para cada persona. Este libro ha ofrecido una variedad de herramientas y conocimientos que puedes adaptar a tus necesidades y circunstancias individuales. Al integrar estos enfoques en tu vida diaria, puedes construir una base sólida para un bienestar emocional y mental duradero. Recuerda que no estás solo en este camino; el apoyo y los recursos están disponibles para ayudarte en cada paso del camino.

Acerca del Autor

Omar Santiago Triggiani es un apasionado defensor de los métodos naturales de sanación y conservación de la salud. Con una profunda conexión con prácticas ancestrales y modernas, Omar ha dedicado su vida a difundir, promover y priorizar enfoques naturales para el bienestar físico y mental.

Formación y Experiencia

Desde temprana edad, mostró un interés profundo por las plantas, las hierbas y las prácticas tradicionales de sanación. Este interés lo llevó a estudiar y sobre todo probar, experimentar con su propio cuerpo los posibles beneficios que la madre naturaleza ofrece.

Ha escrito numerosos artículos y libros sobre el tema, siempre con el objetivo de empoderar a las personas a tomar el control de su salud de manera natural y sostenible.

Filosofía y Misión

La filosofía del autor se basa en la creencia de que la naturaleza ofrece una abundancia de recursos para mantener y restaurar la salud. Su misión es hacer accesible este conocimiento a todos, promoviendo prácticas que no solo curen, sino que también prevengan enfermedades y promuevan un estilo de vida equilibrado y armonioso.

Conclusión

Omar continúa su incansable lucha por difundir los métodos naturales de sanación, con la firme convicción de que un enfoque natural y holístico puede transformar vidas. Su compromiso y pasión por esta causa son evidentes en cada aspecto de su trabajo, y su legado es un testimonio de la poderosa conexión entre la naturaleza y la salud humana.

Referencias Bibliográficas:

Kabat-Zinn, Jon. (1990). *Full Catastrophe Living: Using the Wisdom of Your Body and Mind to Face Stress, Pain, and Illness.* New York: Bantam Books.

- Este libro es fundamental en el área del mindfulness y la reducción del estrés basada en la atención plena.

Sapolsky, Robert M. (2004). *Why Zebras Don't Get Ulcers: The Acclaimed Guide to Stress, Stress-Related Diseases, and Coping.* New York: Henry Holt and Company.

- Un recurso clave que explora la biología del estrés y cómo afecta al cuerpo humano.

Davidson, Richard J., & Begley, Sharon. (2012). *The Emotional Life of Your Brain: How Its Unique Patterns Affect the Way You Think, Feel, and Live - and How You Can Change Them.* New York: Penguin Books.

- Ofrece una comprensión profunda sobre cómo el cerebro maneja las emociones y el estrés.

Mason, John W. (1971). *A Re-evaluation of the Concept of "Non-Specificity" in Stress Theory. Journal of Psychiatric Research*, 8(3), 323-333.

- Un artículo científico clave para comprender la teoría del estrés y su impacto en la psiquiatría.

Benson, Herbert. (1975). *The Relaxation Response.* New York: HarperCollins.

- Un texto clásico que describe técnicas simples y prácticas para inducir la relajación y manejar el estrés.

Porges, Stephen W. (2011). *The Polyvagal Theory: Neurophysiological Foundations of Emotions, Attachment, Communication, and Self-Regulation.* New York: W. W. Norton & Company.

- Esta obra introduce la Teoría Polivagal, que es relevante para entender cómo el sistema nervioso responde al estrés.

www.ingramcontent.com/pod-product-compliance
Lightning Source LLC
Chambersburg PA
CBHW071216260726
48653CB00041B/881
* 9 7 9 8 3 3 2 2 5 9 7 2 2 *